Un día con tu perro

Wes Lipschultz

Traducción al español: José María Obregón

Rosen REAL READERS en español

Rosen Classroom Books & Materials
New York

¿Te gustan los perros?

A tu perro le puedes dar de comer.

Con tu perro puedes salir a pasear.

Puedes jugar con tu perro.

Puedes correr con tu perro.

También puedes abrazar a tu perro.

Palabras que debes saber

abrazar

correr

dar de comer

jugar

pasear